Michael Staack

Chinas Selbstverständnis und die Sicherheitskonstellation in Ostasien

Reihe
WIFIS-aktuell

herausgegeben von

WIFIS – Wissenschaftliches Forum für Internationale Sicherheit e.V., vertreten durch

Prof. Dr. Michael Staack, Helmut-Schmidt-Universität/Universität der Bundeswehr Hamburg

Band 72

Michael Staack

Chinas Selbstverständnis und die Sicherheitskonstellation in Ostasien

Gibt es (noch) eine Chance für kooperative Sicherheit?

Verlag Barbara Budrich
Opladen • Berlin • Toronto 2023

Bibliografische Information der Deutschen Nationalbibliothek
Die Deutsche Nationalbibliothek verzeichnet diese Publikation in der Deutschen Nationalbibliografie; detaillierte bibliografische Daten sind im Internet über http://dnb.d-nb.de abrufbar.

Gedruckt auf säurefreiem und alterungsbeständigem Papier.

www.budrich.de

ISSN 1867-3015
ISBN 978-3-8474-2632-5
eISBN 978-3-8474-1793-4
DOI 10.3224/84742632

Umschlaggestaltung: Walburga Fichtner, Köln
Satz: Angelika Schulz, Zülpich
Druck: paper & tinta, Warschau
Printed in Europe

Inhaltsverzeichnis

1 Vorbemerkung

Chinas Aufstieg zu einem globalen Akteur stellt eine zentrale Entwicklung der internationalen Politik dar und wird auch die nächsten Jahrzehnte des 21. Jahrhunderts prägen. Über den Umgang mit dieser aufsteigenden Weltmacht wird zunehmend kontrovers diskutiert; in der Wissenschaft, in Politik und Medien. Dabei sind verschiedene, ganz konträre und sich teilweise ausschließende Motive analyse- und meinungsleitend: die herausfordernde Gestaltung der weiteren Einbindung eines an Machtressourcen gewinnenden weltpolitischen Akteurs in eine funktionsfähige internationale Ordnung; die Reform dieser Ordnung und deren Anpassung an sich weiter verändernde Rahmenbedingungen; die Aufrechterhaltung eines globalisierten, arbeitsteiligen Wirtschaftssystems; die Bearbeitung allein transnational zu lösender, planetarischer Herausforderungen wie Klimawandel, Pandemien oder Rüstungskontrolle; die Behauptung von Demokratie gegen vermeintlich oder tatsächlich leistungsfähige autokratische Alternativen; die Einhegung von Verteilungskonflikten und gesellschaftlicher Spaltungen in den westlichen Industrieländern angesichts des fortgesetzten wirtschaftlichen Aufstiegs Chinas und anderer asiatischer Staaten; die Aufrechterhaltung der Vorherrschaft der USA und der Dominanz des Westens im internationalen System; die Berücksichtigung der Interessen und Forderungen des Globalen Südens durch reale Politik statt Rhetorik – und, nicht zuletzt, die Selbstbehauptung der Europäischen Union.

Mit ihrer Trias von Wettbewerb, Partnerschaft und systemischer Rivalität im Verhältnis zur Volksrepublik China hat die EU seit 2019 eine im Grundsatz kluge, zukunftsfähige Strategie festgelegt. Es versteht sich von selbst, dass sich die Reihenfolge dieser drei Komponenten verändern kann – abhängig vor allem vom Agieren Chinas, aber auch von anderen Rahmenbedingungen. Entscheidend bleibt das Festhalten an diesem Dreiklang. Fordernd ist vor allem das Ausbuchstabieren des Spannungsverhältnisses zwischen Kooperation und Rivalität – bis hin zur Konfrontation. Erfahrungen aus dem Ost-West-Konflikt dokumentieren, dass eine solche *antagonistische Kooperation* möglich ist. Bedauerlicherweise sind diese Erfahrungen im institutionellen Gedächtnis politischer Administrationen weitgehend verschüttet. Sie lassen sich aber reaktivieren und nutzbar machen für eine strategisch angelegte Politik, die außerdem (im Gegensatz zum Ost-West-Konflikt) völlig andere Einflussfaktoren wie die fortschreitenden ökonomischen und politischen Machtverschiebungen im internationalen System zu beachten hat. Ein Ansatz, der sowohl themenspezifische Zusammenarbeit als auch überlegte Rivalität beinhaltet, ist in dieser Zeit notwendiger denn je, denn die Bearbeitung planetarischer Herausforderungen kann nicht warten – und wird nicht gelingen nach der Devise: „Der Westen kann die Weltprobleme lösen“. Diese Epoche ist vorbei.

Die Europäische Union und Deutschland sind auch deshalb gut beraten, an einer eigenen Strategie und Standortbestimmung im Verhältnis zur Volksrepublik China festzuhalten, weil sie eigene Interessen haben. Zu den veränderten Rahmenbedingungen der letzten Jahre gehört die Tatsache, dass die Politik (und Verlässlichkeit) der USA derzeit und absehbar nur noch für die jeweilige Wahlperiode von vier Jahren berechenbar ist. Die sehr gute Zusammenarbeit der Biden-Administration mit den EU-Staaten angesichts des brutalen, völkerrechtswidrigen russischen Angriffskrieges gegen die Ukraine kann nicht den Blick darauf verstellen, dass sich die Spaltung der USA noch vertieft hat und die Republikanische Partei dominiert wird von Donald Trump und Gleichgesinnten. Mit solchen Kräften wird eine auf demokratische Werte und internationale Kooperation gründende gemeinsame Weltpolitik kaum möglich sein; es sei denn, die Europäische Union wollte ihre Reputation nachhaltig beschädigen. Es wäre auch kurzsichtig und das Gegenteil von zu erweiternden Handlungsspielräumen und „Strategischer Autonomie“, den notwendigen Abbau von Abhängigkeiten an anderer Stelle, zum Beispiel von Russland und China, durch eine Verstärkung bestehender Abhängigkeiten von den USA zu kompensieren. Auch wenn eine Überwindung der strukturellen Spaltung der Vereinigten Staaten derzeit unwahrscheinlich erscheint, liegt dieses Ziel selbstverständlich im Interesse der europäischen Verbündeten.

Es ist unbestritten, dass sich die Politik der Volksrepublik China unter Staats- und Parteichef Xi Jinping erheblich verändert hat. Re-Ideologisierung, Kontrolle und Zurückdrängung des Binnenpluralismus; die weitgehende Beseitigung der Selbstverwaltung Hongkongs; Repression bis hin zu schweren Menschenrechtsverletzungen in der Provinz Xinjiang; militärische Machtdemonstrationen gegenüber Taiwan und generell ein Ende der eher zurückhaltenden Politik zugunsten auftrumpfender Weltmachtansprüche sind Bestandteile der Realität. Es darf aber auch nicht übersehen werden, dass der erfolgreiche Aufstieg Chinas Gegenkräfte mobilisiert hat, die einer aufsteigenden Macht einen solchen Aufstieg grundsätzlich verweigern wollen. Auch dadurch werden Spannungen generiert. Hinzu kommen ungelöste Hypotheken des Zweiten Weltkrieges, weil friedensvertragliche Regelungen in Ostasien nicht stattgefunden haben.

An der Klugheit und Nachhaltigkeit der von Xi Jinping repräsentierten Politik muss nachdrücklich gezweifelt werden. Ihre Erfolgsbilanz ist im besten Falle ambivalent. Eine Ein-Mann-zentrierte Herrschaft und lange Amtszeiten wirken nahezu zwangsläufig negativ; Letzteres gilt auch für Demokratien. Themenspezifischer Widerspruch und gegebenenfalls auch Konfrontation gegenüber Xis China bleiben erforderlich, ohne dass dadurch Kooperationsnotwendigkeiten zerstört werden dürfen. Auch in Bezug auf China gilt: Die gegenwärtige Politik Chinas stellt kein Endstadium der Geschichte dar; die Zukunft bleibt offen – und von außen beeinflussbar vor allem durch Dialog und Verbindungen.

Der am 24. Februar 2022 begonnene russische Angriffskrieg gegen die Ukraine stellt eine Zäsur für die europäische Sicherheit dar, entfaltet aber auch weitreichende Auswirkungen auf die internationale Ordnung und die Großregion des Indo-Pazifik. Die chinesische Führung laviert zwischen der grundsätzlichen Verurteilung des Krieges, Schuldzuweisungen an die USA und die NATO in Bezug auf die Konfliktursachen, der Bewahrung der engen strategischen Partnerschaft mit Russland und dem Bemühen, Beziehungen in der indo-pazifischen Region und zur Europäischen Union nicht weiter zu belasten. Die westlichen Sanktionen gegen Russland werden von der Volksrepublik nicht unterlaufen. Die Annexion ukrainischer Territorien (2022) durch Moskau wird von Beijing ebenso wenig anerkannt wie die Krim-Annexion (2014). Nukleare Drohgebärden Präsident Putins werden kritisiert. Zu einer Vermittlerrolle ist die Volksrepublik im Ergebnis ihres Kosten-Nutzen-Kalküls derzeit nicht bereit. Das kann sich ändern. Chinas grundlegendes Interesse an einem stabilen internationalen Umfeld für seine wirtschaftliche Entwicklung besteht fort.

Dieser Text entstand im Herbst 2020 in einer ersten Fassung zunächst als Diskussionspapier für die Studiengruppe Europäische Sicherheit und Frieden der Vereinigung Deutscher Wissenschaftler (https://vdw-ev.de/ueber-uns/studiengruppen/europ-sicherheit-frieden) und wurde seitdem mehrfach überarbeitet und aktualisiert. Den Kolleginnen und Kollegen in der Studiengruppe bin ich für ihre Kommentierung, insbesondere ihre Kritik und Anregungen, außerordentlich dankbar – in gleicher Weise wie Fachkolleg*innen in Internationalen Beziehungen, Friedens- und Konfliktforschung, Sinologie und Ostasienwissenschaft. Für diese Publikation (abgeschlossen am 31. Oktober 2022) wurde die ursprünglich gewählte, zuspitzende Thesenform und der weitgehende Verzicht auf einen Anmerkungsapparat beibehalten. Der Text und die Auswahl weiterführender Literatur sollen anregen zur intensiveren Beschäftigung mit Themen, die auf absehbare Zeit auf der Agenda verbleiben werden: Chinas Selbstverständnis, die Konfliktkonstellationen im Indo-

Pazifik, die sino-amerikanische Konkurrenz und die Handlungsoptionen der Europäischen Union und Deutschlands für Kooperation, Konflikt und Konfliktbearbeitung und Friedenssicherung.

2 Chinas Selbstverständnis

1. Der wirtschaftliche, technologische, politische, militärische und wissenschaftliche Aufstieg Chinas gehört zu den wichtigsten Entwicklungen der Gegenwart. Er ist in Geschwindigkeit und Multidimensionalität historisch präzedenzlos. Die Volksrepublik selbst versteht diese Entwicklung als *Wiederaufstieg*; als Rückkehr in eine führende globale Position, die das Land in 18 von 20 nachchristlichen Jahrhunderten innegehabt habe und die im langen „Jahrhundert der Schande" (1840-1949) durch die Interventionen der imperialistischen Mächte zerstört worden sei. Der Aufstieg Chinas hat erhebliche Auswirkungen sowohl auf das internationale System als auch auf die regionale Konstellation in Ostasien bzw. im weiteren Raum des Indo-Pazifik.[1] Es spricht wenig dafür, dass dieser sich seit dem Beginn der Reform- und Öffnungspolitik 1978 entfaltende Prozess beendet oder gar umgekehrt werden kann; allerdings kann er durch fehlerhafte innenpolitische Entscheidungen und durch das Handeln externer Akteure verlangsamt werden.[2] Entscheidend wird sein, mit welchen Konzepten und Strategien China selbst und die internationale Umwelt – in dieser Reihenfolge – künftig mit diesem Aufstieg umgehen.

Der wahrscheinliche Aufstieg Chinas zur größten Volkswirtschaft der Welt, der in den 2030er Jahren erfolgen könnte, würde eine weitere globale Zäsur darstellen. Wirtschaftliche Machtverschiebungen mit politisch-ökonomischen Folgen könnten sich noch verstärken. Ein Markt dieser Größe lässt sich nur sehr begrenzt „entkoppeln". Angesichts der generellen Volatilität der internationalen Politik, der ökonomischen Folgen von Russlands Angriffskrieg auf die Ukraine und der US-amerikanischen Embargos und Sanktionen gegen China gerade in Bezug auf Hochtechno-

---

1 „Indo-Pazifik" ist keine Region, sondern ein politisches Konzept. In den USA, Indien, Australien, Japan oder Frankreich und Deutschland wird dieses Konzept unterschiedlich verstanden. Das Konzept einer umfassenden Versicherheitlichung und Eindämmung Chinas wurde zunächst nur von den USA und Japan vertreten. Dagegen befürwortet Deutschland in seinen „Indo-Pazifik-Leitlinien" (2020) einen inklusiven, auch die Volksrepublik einbeziehenden Ansatz. Politikwissenschaftlich werden eher Ostasien, Südasien und Südostasien als politische, sozial konstruierte und sich überlappende Regionen verstanden.

2 Außerdem durch „unknown unknowns" oder „Schwarze Schwäne" wie unvorhersehbare Katastrophen; zum Beispiel einem Krieg in Ostasien.

logie sind Prognosen über mittelfristige Entwicklungen vorsichtig zu beurteilen.

2. China betrachtet sich heute als globale Gestaltungsmacht, als Handelsmacht, als Großmacht in Asien und als größtes Entwicklungsland der Welt – treffender wäre wohl: sich entwickelndes Land. Als Diskursmacht will es Einfluss auf die Entwicklung der Regeln, Normen und Institutionen des internationalen Systems nehmen und die globale Agenda aktiv mitgestalten. Zu diesem Zweck werden eigene Narrative entwickelt, die auf Chinas Erfolgsgeschichte der vergangenen Jahrzehnte Bezug nehmen. Mit diesen Narrativen sollen chinesische Konzepte und Normen in einer sich verändernden internationalen Ordnung etabliert werden.

   Chinas Aufstieg erfolgte grundsätzlich im Rahmen der bestehenden internationalen Ordnung, insbesondere der Sicherheits- und Wirtschaftsordnung. China will diese Ordnung bzw. sektorale Teilordnungen nach seinen Vorstellungen verändern, aber nicht umstürzen. Diese Zielsetzung ist grundsätzlich legitim, bedarf aber der internationalen Mehrheits- bzw. Konsensbildung. Von Seiten Chinas wird unterschätzt, in welchem Maße das gegenwärtige System bzw. seine Subsysteme von westlichen Normvorstellungen geprägt sind. Im dominanten westlichen Diskurs wird in der Regel nicht beachtet, dass die Hegemonie der USA und ihr Weltordnungsverständnis nicht in der Charta der Vereinten Nationen verankert sind; ebenso wenig das Konzept der USA als eines über der regelbasierten Ordnung stehenden Wächters der *global commons*.

   Chinas Außenbeziehungen lassen sich am treffendsten als *Konnektivitätspolitik* (vgl. Godehardt 2020) charakterisieren. China strebt danach, durch Netzwerke und Strukturen ein globales Geflecht wirtschaftlicher Kooperationen zu schaffen, welches auch ein gesteigertes politisch-diplomatisches Gewicht in der Welt zur Folge haben soll. Die Maximierung von Wohlstand und die Sicherung dafür günstiger Rahmenbedingungen stellen das wichtigste Ziel der Außenpolitik dar.

3. Aus der Sicht der Volksrepublik wird die internationale Ordnung durch die Vorherrschaft (*primacy*) der USA und ihrer Verbündeten bestimmt. Die chinesische Forderung nach einer Demokratisierung der internationalen Beziehungen zielt darauf ab, diese Hegemonie durch ein multipolares und multilaterales System zu ersetzen. China will die USA nicht als Weltmacht ablösen, sondern als mit den USA in allen Politikbereichen gleichberechtigter Akteur in einem solchen multipolaren System anerkannt werden – jedenfalls bis Mitte des 21. Jahrhunderts. Für weitergehende Ambitionen fehlen wichtige Machtressourcen wie Allianzsysteme, die

China traditionell ablehnt. Aus chinesischer Sicht sind nach wie vor Staaten die entscheidenden Akteure des internationalen Systems.

4. Chinas Außenpolitik ist von eigenen Denktraditionen geprägt, aber auch sehr stark von neorealistischen Einflüssen. Konstruktivistische oder liberale Perspektiven der Wissenschaft von den Internationalen Beziehungen sind bekannt, werden aber – in Wissenschaft und Politik – überwiegend als weniger relevant bzw. nicht strukturbestimmend angesehen. Auch wenn rhetorisch oftmals andere Akzente gesetzt werden, orientiert sich Chinas Rollenverständnis und Rollenpraxis als globale Großmacht an der Perzeption des außenpolitischen Verhaltens der USA; z.B. in der selektiven Nichtbeachtung des Völkerrechts, in Bezug auf ein starkes Militär, militärische oder ökonomische Machtandrohung oder Machtprojektion, die Ablehnung obligatorischer Streitschlichtung oder in der Einforderung von „Respekt". Die Ideologie – „Sozialismus mit chinesischen Kennzeichen" – ist nur bedingt außenpolitikbestimmend.

   In Bezug auf bestimmte Kerninteressen (Weltgeltung, *Nine Dash Line*, nicht verhandelbare territoriale Einheit Chinas unter Einschluss Hongkongs, Taiwans, Tibets, Xinjiangs) würde sich ein demokratisches China höchstwahrscheinlich außenpolitisch nicht entscheidend vom heutigen autokratischen China unterscheiden.

5. China verfolgt seine Interessen sowohl mit den robusten Mitteln klassischer Großmachtpolitik als auch als ein *responsible stakeholder* im internationalen System. In der internationalen Ordnungspolitik hält es am Multilateralismus fest und versucht, in diesem Rahmen seine Interessen durchzusetzen. Flankierend bevorzugt China bilaterale Beziehungsmuster, in deren Rahmen es seine ökonomische Stärke voll ausspielen kann. Die aufeinander folgenden und inhaltlich eng miteinander abgestimmten Präsidentschaften Chinas (2016) und Deutschlands (2017) in der Gruppe der G20-Staaten waren inhaltlich ertragreich und wurden auch von der Bundesregierung positiv beurteilt. Vom westlichen G7-Format hält sich China fern, weil es grundsätzlich keinen Kooperationen beitritt, in denen es keine Gestaltungsrolle spielen kann. Auch wenn *Global Governance* inhaltlich notwendig und sogar unersetzlich bleibt, steht dieses Konzept durch den doppelten Effekt von US-amerikanischen Konzepten von *Decoupling* und *Containment* sowie die Infragestellung der bisherigen ökonomischen Globalisierung (nicht nur) in Folge der Covid-19-Pandemie und des russischen Angriffskrieges in Frage. Mit der Abkehr oder der Herabstufung von *Global Governance* würde eine wichtige Strategie zur (Selbst-)Einbindung Chinas in eine inklusive internationale Ordnungspolitik geschwächt.

6. Chinas Volkswirtschaft beeinflusst, verändert und gestaltet die internationalen Wirtschaftsbeziehungen schon durch ihre Größe an sich. Wenn das Land, politisch gewollt, auf Innovationen in bestimmten Industrie- bzw. Technologiefeldern setzt, hat das direkte Auswirkungen bis hin zu Verdrängungseffekten oder dem Erwerb der Marktführerschaft im globalen Maßstab.

   Für mehr als 100 Staaten, darunter auch Deutschland, ist die Volksrepublik zur wichtigsten Handelspartnerin geworden. Diese Entwicklung hat zu Abhängigkeiten vom chinesischen Markt (z.B. für die deutsche Automobilindustrie) geführt. Gleichwohl überwiegen die Interdependenzen, denn Chinas Ökonomie hat sich ebenfalls vom Wachstum des Außenhandels und von Marktzugängen abhängig gemacht und in globale Lieferketten integriert. Die erst seit 2020 verfolgte neue chinesische Strategie der *Dual Circulation*, entstanden als Antwort auf die US-amerikanische Embargo- und Sanktionspolitik und gerichtet auf die nachhaltige Stärkung des Binnenmarkts, wird erst mittelfristige Wirkung entfalten.

   Gestützt auf seine Spezialisierungsvorteile wie Marktgröße, lange Zeit außerordentlich hohes Wachstum und hohe Gewinnmargen, haben chinesische Unternehmen die Regelwerke der WTO und den Zwang zu *Joint Ventures* ausgeschöpft und ausgenutzt für einseitige Vorteile, Regelverletzungen, Industriespionage bzw. Diebstahl geistigen Eigentums. Gleichzeitig hat China gegen das Land ergangene Entscheidungen der WTO-Schiedsgerichte umgesetzt. Zweifellos wurde der wirtschaftliche Aufstieg Chinas durch die Regelverletzungen beschleunigt. Chinas entsprechende Praktiken sind nicht exzeptionell, sondern korrespondieren in vergleichender historischer Perspektive mit der Politik anderer wirtschaftlicher Aufsteiger, z.B. der USA und des deutschen Kaiserreiches vor 1914. Mit zunehmendem wirtschaftlich-technologischen Erfolg dieser Staaten gingen solche Praktiken deutlich zurück, was entsprechende Prognosen auch für China nahelegt. Die von der Europäischen Union zu Recht verlangte *Reziprozität* in Bezug auf Marktzugang und Rahmenbedingungen könnte dadurch gefördert werden. Inwiefern von den USA vorangetriebene *Decoupling*- und Embargopolitiken diese Entwicklung beeinflussen, kann derzeit nicht abgeschätzt werden.

7. Unter der Führung des seit 2012 amtierenden Staats- und Parteichefs Xi Jinping hat sich die Politik des Landes entscheidend verändert. Bis 2049, der 100. Wiederkehr der Gründung der Volksrepublik, soll der umfassende Wiederaufstieg zu einer Weltmacht abgeschlossen sein, die sich – so der eigene Anspruch – durch wirtschaftliche, technologische und militärische Stärke, nachhaltiges und innovatives Handeln, innenpolitische Stabilität und kulturelle Anziehungskraft auszeichnen soll. Innenpolitisch setzt

Xi Jinping auf Re-Ideologisierung, Disziplinierung und Kontrolle, besonders in der digitalen Sphäre, um den Binnenpluralismus einzudämmen und die Herrschaft der regierenden Partei zu festigen. Diesem Ziel dient auch seine – unverändert sehr populäre – Kampagne gegen die Korruption. In der Provinz Xinjiang hat die chinesische Führung ein äußerst repressives, grundlegende Menschenrechte verletzendes Regime gegen große Teile der Volksgruppe der Uiguren errichtet; in der Sonderverwaltungszone Hongkong werden Grundrechte und politische Partizipation drastisch eingeengt. Eine Zäsur stellt auch das Abgehen von der seit 1978 verfolgten kollektiven Führung, die Ermöglichung einer potenziell lebenslangen Amtszeit des Staats- und Parteichefs und die Aufnahme seiner „Gedanken" in Verfassung und Parteistatut dar.

Höchstwahrscheinlich stellen der Amtsantritt von Xi Jinping und seine deutlich veränderte Politik die größte Zäsur seit dem Beginn der Reform- und Öffnungspolitik dar. Bis zum Amtsantritt Xis befanden sich ökonomische Liberalisierung und politische Liberalisierung in einem prekären Spannungsverhältnis zueinander. China war nie auf dem Weg, eine westliche Demokratie zu werden, gleichwohl gab es Fortschritte in Bezug auf Grundfreiheiten und Rechtsstaatlichkeit. Diese Entwicklung scheint nunmehr beendet. Es bleibt mindestens fraglich, ob die Erfolgsgeschichte des chinesischen Aufstiegs unter den Bedingungen von Re-Ideologisierung, Disziplinierung und Kontrolle fortgesetzt werden kann.

8. Das politische System der Volksrepublik China ist mit westlichen Vorstellungen von Demokratie und Rechtsstaat nicht vereinbar. Diese Feststellung gilt seit sieben Jahrzehnten, hat sich aber in den vergangenen Jahren nicht nur reaktualisiert, sondern inhaltlich zugespitzt. Die Entwicklung eines Rechtsstaates mit unabhängiger Justiz, in der westlichen Erfahrungswelt wegbereitend für Demokratie, ist derzeit ausgeschlossen. Auch ein gemeinsames Verständnis der universellen Menschenrechte, insbesondere der klassischen Freiheits- und Partizipationsrechte, erscheint auf absehbare Zeit nicht möglich. Innerhalb der Vereinten Nationen ist China mit seiner entsprechenden Politik keineswegs isoliert. Sowohl in Bezug auf Xinjiang als auch auf Hongkong unterstützen mehr Staaten Chinas Vorgehensweise als die westliche Kritik daran, während sich die Staatenmehrheit einer Positionierung enthält. Menschenrechts- und Rechtsstaatsdialoge mit China behalten gleichwohl ihren Sinn; schon deshalb, um strittige Themen immer wieder auf die Tagesordnung zu setzen.

   Das Vorgehen Chinas in Xinjiang und Hongkong lässt sich auf verschiedene Motive zurückführen; primär auf ein technokratisch-autoritäres, auf *Ruhe und Ordnung* setzendes Politikverständnis. Gleichzeitig spiegelt es die Wahrnehmung der westlichen Politik in der Führung der Volksrepublik: In ihrem Interessenkalkül rechnet die chinesische Regierung offensichtlich nicht mit einem Entgegenkommen des Westens für den Fall eigener Zugeständnisse und hat sich auch daher für eine Politik der Repression entschieden.

Mit seinem autokratischen Modell steht China weltweit nicht allein. Abhängig von den Kriterien, gehören dazu 30 bis 40 Prozent der Staaten, darunter viele enge Partner des Westens wie Saudi-Arabien, die Vereinigten Arabischen Emirate oder das NATO-Mitglied Türkei. Zur perzipierten Herausforderung für den Westen wird Chinas autokratisches Modell erst aufgrund seines relativen Erfolgs und der Machtressourcen des Landes.

3 Konflikte: Südchinesisches Meer und Taiwan

1. Mit dem Urteil des Internationalen Schiedsgerichtshofes vom 12. Juli 2016 in der Streitsache Philippinen gegen China wurden die chinesischen Ansprüche in Bezug auf das zwischen beiden Staaten strittige Seegebiet rechtsverbindlich zurückgewiesen. Allerdings hatte China schon im Jahr 2006 maritime Territorialdispute von seiner Zustimmung zur obligatorischen Schiedsgerichtsbarkeit ausgenommen, sich an dem Verfahren nicht beteiligt und die Nichtanerkennung des Urteils angekündigt. Die chinesische Position – die *Nine Dash Line* – wurde bereits 1947/49 von der Republik China festgelegt und wird auch von Taiwan immer noch geteilt.

   Beim Streit um Territorialrechte im Südchinesischen Meer handelt es sich um einen rechtlich und politisch außerordentlich komplexen Konflikt, der schwer regelbar ist: (a) Es handelt sich um ein internationales Ordnungsproblem, bei dem über die Anwendbarkeit und Auslegung des Seerechtsübereinkommens der Vereinten Nationen (UNCLOS) gestritten wird. (b) Es geht um Streitigkeiten zwischen China und verschiedenen Nachbarstaaten; also um ein regionales Problem. (c) Der Streit ist Bestandteil der amerikanisch-chinesischen Machtkonkurrenz, wurde seit 2016 politisch und militärisch zunehmend aufgeladen und zwischenzeitlich (2022 abgelöst vom Konflikt über Taiwan) zu dem entscheidenden Symbolkonflikt über Hegemoniefähigkeit im Indo-Pazifik.

   Auch der Konfliktgegenstand muss multidimensional verstanden werden: (a) Es geht um die Durchsetzung von Souveränität. (b) In gleicher Weise geht es um den Zugang zu Ressourcen, insbesondere Öl, Gas und Fischereigründe. (c) Ebenfalls relevant sind Sicherheitspolitik und Militärstrategie, d.h. die Erweiterung der Optionen der Volksbefreiungsarmee durch gesicherten Zugang zu Hochseegewässern.

   Die unterschiedlichen Staatenpositionen in diesem Konflikt bestehen seit über 70 Jahren und reichen damit teilweise in die Kolonialzeit zurück. Seine Aufladung in den letzten Jahren lässt sich hauptsächlich mit veränderten Machtverhältnissen zugunsten Chinas, Chinas Politik vollendeter Tatsachen zum Beispiel durch die Aufschüttung künstlicher Inseln und mit der zunehmenden sino-amerikanischen Konkurrenz erklären.

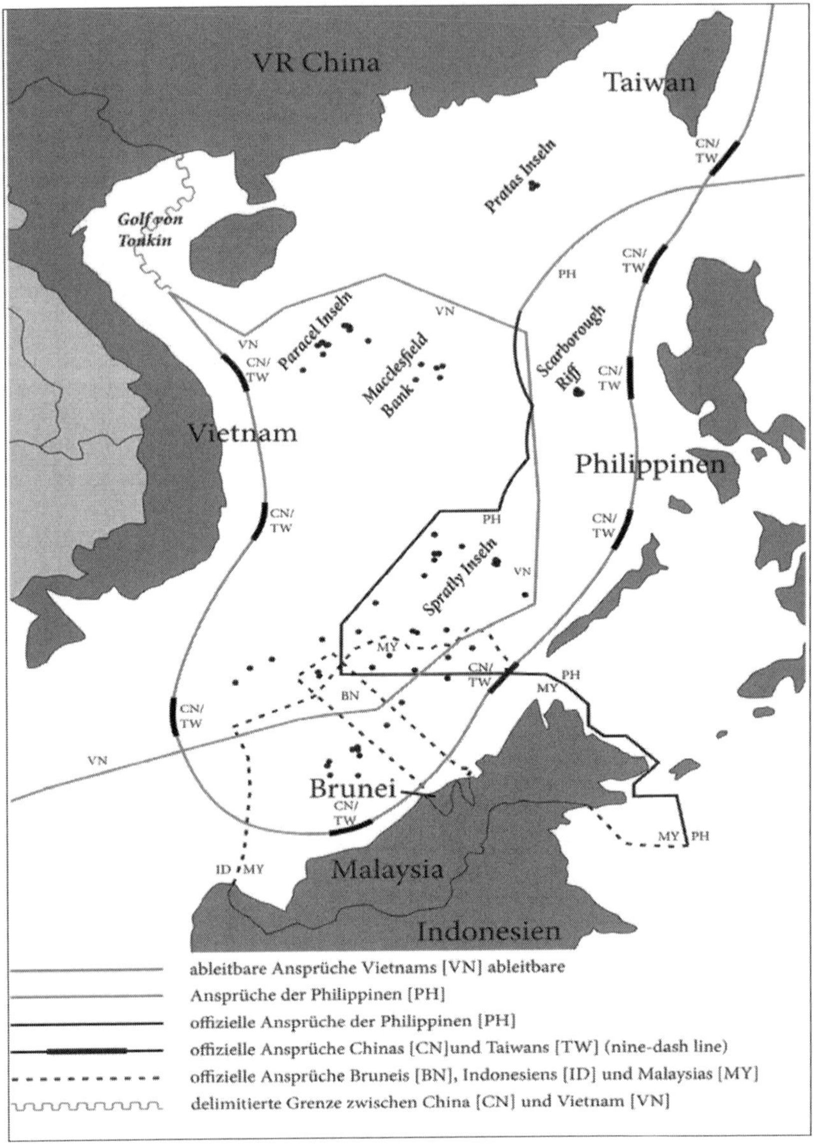

Abbildung 1: Offizielle und ableitbare territoriale und maritime Ansprüche im Südchinesischen Meer. Quelle: Kreuzer 2014.

An diesem Beispiel wird erneut deutlich, dass obligatorische Schiedsgerichtsbarkeit nur dann als Instrument zur Konfliktregelung taugt, wenn eine inhaltliche Annäherung schon eingeleitet ist und wenn die Konfliktparteien vorab bereit sind, den Schiedsspruch anzuerkennen. Die USA sind UNCLOS nicht beigetreten und respektieren das Abkommen nur mit Einschränkungen. Obligatorische Schiedsgerichtsbarkeit lehnen sie grundsätzlich ab. In ihrer Nationalen Sicherheitsstrategie 1996 (Clinton II) argumentierten sie, dass UNCLOS die Handlungsspielräume anderer Staaten im Interesse der USA einschränke, ein Beitritt Washingtons aber nicht wünschenswert sei, weil dadurch eigene militärische Optionen eingeschränkt würden. Frankreich (1996) und Großbritannien (2003) haben ähnliche Vorbehalte geltend gemacht wie China. Die drei westlichen Führungsmächte wollen also gegenüber China die Erfüllung von Standards erzwingen, an die sie sich selbst nicht halten.[3]

2. Neben den Territorialkonflikten im Südchinesischen Meer hat sich auch der mehrdimensionale Konflikt über Taiwan zunehmend politisch und militärisch aufgeladen. Als Folge dieses Prozesses könnte dieser über Jahrzehnte eingehegte Konflikt zum Anlass einer militärischen Eskalation mit globalen Konsequenzen werden; möglicherweise bis hin zu einer analogen Wiederholung des *Kuba-Moments* 1962. Ein Abbau der Spannungen in und um Taiwan und die Verständigung auf einen tragfähigen *Modus vivendi* wäre für China und die USA die aktuell wahrscheinlich wichtigste außenpolitische Gestaltungsaufgabe in ihren bilateralen Beziehungen. Derzeit aber befinden sich beide Seiten in einem Aktions-Reaktions-Prozess, bei dem beidseitig Prestigedenken und Machtdemonstrationen dominieren.

3. Ursächlich für die Aufladung des Konflikts sind vor allem vier miteinander zusammenhängende Sachverhalte: (a) Unklarheiten bzw. unterschiedliche Verständnisse der Ein-China-Politik von Seiten der Volksrepublik China, der USA und der Republik China auf Taiwan, (b) einseitige Abweichungen der USA und der Volksrepublik vom bisherigen Status quo, (c) der Wille einer deutlichen Mehrheit der Bevölkerung Taiwans zur Eigenständigkeit und damit gegen eine Vereinigung mit der Volksrepublik China und, wie stets bei der Betrachtung der Sicherheitskonstellation

---

3 Deutschland hat sowohl die obligatorische Schiedsgerichtsbarkeit im Rahmen von UNCLOS als auch den Schiedsspruch von 2016 anerkannt. Eine einheitliche Haltung der EU scheiterte u.a. an Kroatien, das in einem Rechtsstreit mit Slowenien das entsprechende Urteil des Internationalen Schiedshofs ebenfalls nicht anerkennt.

in Ostasien, (d) der umfassende Machtzuwachs Pekings. Gestützt auf seine gestiegenen wirtschaftlichen, militärischen und politischen Machtressourcen macht China mittels Drohgebärden unmissverständlich deutlich, dass es (aus seiner Sicht) Abweichungen vom Status quo nicht hinnehmen wird.

Der Konflikt über Taiwan umfasst folglich mehrere Dimensionen: (a) Es geht um die territoriale Zugehörigkeit der Insel. (b) Ebenso geht es inzwischen um einen Wertekonflikt; um den Gegensatz zwischen der kommunistischen Autokratie in Peking und der mittlerweile etablierten pluralistischen Demokratie in Taiwan, die im Westen teilweise als Alternativmodell für ein demokratisches China verstanden wird. (c) Vor allem handelt es sich auch um einen Prestigekonflikt zwischen der Volksrepublik und den Vereinigten Staaten in Bezug auf die regionale Hegemonie in Ostasien und, darüber hinaus, im größeren Rahmen ihrer Macht-, System- und Militärkonkurrenz. Hinzu kommt (d) eine wirtschafts- und technologiepolitische Dimension, denn taiwanesische Konzerne haben sich in der Mikroelektronik und speziell in der Halbleiterfertigung eine weltweit führende Position erarbeitet. Die in den 1970er Jahren noch handlungsleitende und bis in die Anfänge dieses Jahrhunderts vertretene Auffassung, der Taiwan-Konflikt werde sich durch den Zeitablauf lösen, gehört definitiv der Vergangenheit an.

4. Bis 1895 war Taiwan Provinz des chinesischen Kaiserreiches, musste als Folge des japanisch-chinesischen Krieges (1894-95) an Japan abgetreten werden und wurde 1945 an China zurückgegeben. Nach dem Sieg der Kommunistischen Partei im chinesischen Bürgerkrieg flüchtete die geschlagene Kuomintang (KMT)-Regierung unter Marschall Chiang Kaishek auf die Insel und errichtete dort eine bis 1987 anhaltende Militärdiktatur. Sowohl die Volksrepublik als auch die Republik China auf Taiwan beanspruchten für sich, die legitime Vertretung für ganz China zu sein. Bis 1971 nahm das Militärregime Chinas Platz in den Vereinten Nationen unter Einschluss des ständigen Sitzes im Sicherheitsrat ein. Im Zuge der Annäherung zwischen den USA und der Volksrepublik China Anfang der 1970er Jahre erkannte die VN-Generalversammlung die kommunistische Festlandsregierung als einzige legitime Repräsentation Chinas an und

> „decides to restore all its rights to the People's Republic of China and to recognize the representatives of its Government as the only legitimate representatives of China to the United Nations, and to expel forthwith the representatives of Chiang Kai-shek from the place which they unlawfully occupy at the United Nations and in all the organizations related to it" (United Nations 1971).

Auch die USA brachen ihre diplomatischen Beziehungen zur Republik China ab, kündigten den bilateralen Bündnisvertrag und nahmen (1978) diplomatische Beziehungen mit der Volksrepublik auf. Bereits 1972 hatten sie sich im amerikanisch-chinesischen Grundsatzkommuniqué über die künftigen Beziehungen zur *Ein-China-Politik* bekannt:

„The U.S. side declared: The United States acknowledges that all Chinese on either side of the Taiwan Strait maintain there is but one China and that Taiwan is a part of China. The United States Government does not challenge that position" (United States Department of State Office of the Historian 1972).

Gegen eine Wiedervereinigung Chinas hatten die USA keine Einwände, bestanden aber auf einem friedlichen Prozess. Die Nixon-Administration (1969-1974) ging Anfang der 1970er Jahre davon aus, dass es in absehbarer Zeit zu einer solchen Vereinigung kommen würde. Diese Haltung stieß auf erhebliche Widerstände im Kongress, der 1979 den „Taiwan Relations Act" verabschiedete. Dieses Gesetz sah – unterhalb der diplomatischen Anerkennung – die Fortführung bilateraler Beziehungen vor, garantierte der Militärdiktatur aber vor allem Waffenlieferungen zur Gewährleistung ihrer Verteidigungsfähigkeit. Die Regierung in Peking sah darin einen Verstoß gegen das Grundsatzkommuniqué von 1972, hielt aber an ihrer Erwartung fest, dass eine Vereinigung erfolgen würde. Mit der Demokratisierung Taiwans nach 1987, der Ablösung der KMT-Dauerherrschaft und zunehmenden Bestrebungen nach Eigenstaatlichkeit änderten sich die Rahmenbedingungen grundlegend. Dessen ungeachtet gelang es Anfang der 1990er Jahre, wirtschaftliche und politische Verbindungen zwischen China und Taiwan zu institutionalisieren und vielfältigen, vor allem Handelsaustausch zu ermöglichen.

5. Bereits im Jahr 2005 machte die Volksrepublik mit ihrem China Anti-Sezessionsgesetz deutlich, dass sie auf eine Unabhängigkeitserklärung Taiwans militärisch antworten würde. Die Vereinigung mit Taiwan stellt ein herausragendes Kerninteresse Beijings dar. Die großangelegten Militärmanöver und andere Drohgebärden folgen genau dieser Logik und signalisieren Chinas Entschlossenheit, an der nicht gezweifelt werden sollte. Ebenso tragen sie zu einer weiteren Aufladung und potenziellen Eskalation des Konflikts bei. Mit der weitgehenden Aufhebung von Rechtsstaatlichkeit und Selbstverwaltung in ihrer Sonderverwaltungszone Hongkong (2019/20) hat die Volksrepublik den zuvor propagierten Grundsatz „*Ein Land, zwei Systeme*" diskreditiert und Unabhängigkeitsbestrebungen auf Taiwan gefördert.

Beginnend mit der Trump-Administration 2017, sind die USA von ihrer langjährigen Politik der *strategischen Ambiguität* etwas abgerückt. Präsident Biden hat seit 2021 dreimal erklärt, dass er Taiwan bei einem chinesischen Angriff militärisch unterstützen würde, ohne dass – wie zuvor – zu konditionieren (keine Unabhängigkeitserklärung Taiwans).[4] Aus seiner Administration wurde nachfolgend stets erklärt, dass sich an der Politik der strategischen Ambiguität nichts geändert habe. Das öffnet die Option einer Klarstellung durch die USA auf diplomatischem Weg. Führende republikanische Politiker des *Make America Great Again*-Mainstreams wie der frühere Außenminister Pompeo fordern die Anerkennung einer Unabhängigkeit Taiwans. Ein solcher Schritt läuft auf eine Kriegserklärung hinaus. Das ist diesen Politikern auch bewusst.

In der Region Ostasien und des Indo-Pazifik besteht bei der überwältigenden Mehrheit der Staaten keinerlei Interesse an einem Krieg über Taiwan oder generell an einem sino-amerikanischen Militärkonflikt. Das ist ein guter Anknüpfungspunkt für gemeinsame, arbeitsteilige Anstrengungen zur Deeskalation zwischen EU, ASEAN und anderen Staaten.

4 Vorangegangene Administrationen – bis zu Barack Obama (2009-2017) – waren in dieser Hinsicht stets sehr klar in ihren Aussagen gewesen. So stellte Präsident George W. Bush 2003 fest, dass die USA die Ein-China-Politik unterstützten und eine Unabhängigkeit Taiwans ablehnten (vgl. The White House 2003). Seine Außenministerin Condoleezza Rice führte 2007 aus: „We do not support independence for Taiwan. […] We think that Taiwan´s referendum to apply to the United Nations under the name 'Taiwan' is a provocative policy" (United States Department of State 2007).

4 Chinas Perzeption in der Welt

1. Der Blick auf China („Ausgreifender Drache“, „Gelbe Gefahr“, „Wirtschaftlicher Aufstieg ohne Grenzen“) wird in den letzten Jahren zumindest im medialen Mainstream Deutschlands wieder sehr stark durch Stereotypen bestimmt. Das kann als Gegenstrategie zu differenzierterem Denken gelesen werden. Da über China und Asien im Vergleich zu den USA und Russland generell am wenigsten Basiswissen vorhanden ist, haben die Stereotypen hier die potenziell stärkste Wirkung.

2. Der Aufstieg Chinas führt im Westen und in der Region zu berechtigten, nachvollziehbaren Ängsten, Verunsicherungen und Abwehrreaktionen; zu Strategien des *Balancing*, des *Containment* und auch des *Roll Back*. China wird als eine Macht wahrgenommen, die über eine *Grand Strategy* verfügt, über die Wirtschaftskraft und die finanziellen Ressourcen, um diese zu verfolgen, und über die Bereitschaft, seine Interessen auch gegen Widerstände durchzusetzen. Insbesondere von der neorealistischen *China Threat*-Schule werden der Volksrepublik solche Absichten zugeschrieben, wie sie heutige und ehemalige westliche Großmächte selbst verfolgen bzw. verfolgt haben. Als Chiffre für Chinas Ambitionen gilt vor allem die *Belt and Road Initiative*; das große und vielgestaltige Projekt einer neuen Seidenstraße, die China verstärkt und nachhaltig vor allem mit Zentralasien, Europa und Afrika verbinden soll und an der sich – in äußerst unterschiedlicher Kooperationsdichte – etwa 120 Staaten beteiligen. Auch wird das autoritäre chinesische Herrschaftsmodell als Herausforderung für die liberale Demokratie begriffen. Chinas ambivalentes Auftreten während der Corona-Pandemie hat diese Perzeptionen noch verstärkt. Eine weitere Zäsur stellte 2019/2020 Beijings Unterdrückung der Demokratiebewegung in Hongkong und die Abkehr vom Grundsatz „Ein Land, zwei Systeme“ dar.

3. In Bezug auf eine negative Perzeption Chinas werden in der Regel fünf Faktoren übersehen: (a) Die Machtverschiebungen im internationalen System führen zwangsläufig zu einer wesentlich stärkeren Präsenz Asiens in der ganzen Welt. Das gilt insbesondere für die Volksrepublik China. China wird zunehmend das, was die USA und die Mitglieder der Europäischen Union in ihrer Gesamtheit bereits sind: ein globaler, d.h. auch dauerhaft global sichtbarer Akteur. (b) China verfügt über Strategien für sei-

nen weiteren wirtschaftlichen und politischen Aufstieg. Die Realisierung dieser Strategien setzen aber ein friedliches Umfeld voraus, erfordern Partnerschaftsbeziehungen und Rücksichtnahme auf die Interessen Dritter. Die militärische Dimension ist bei Vorhaben wie der BRI nur gering ausgeprägt. (c) „China in der Welt“ ist kein einheitlicher Akteur, sondern eine Chiffre für eine Akteursvielfalt (Zentralregierung, Provinz- und Stadtregierungen, private und staatliche Unternehmen, Stiftungen – bis hin zum chinesischen Kleinhändler in fast jeder Ecke Afrikas und anderen Teilen der Welt). (d) Chinas Aufstieg erfolgte, wie dargestellt, in historisch präzedenzloser Geschwindigkeit. Die *smartness* des chinesischen Auftretens in der Welt hat damit nicht Schritt gehalten; vergleiche etwa die kontraproduktive *Wolfskrieger-Diplomatie* 2020/21. Im Einsatz von *soft power*-Ressoucen und traditioneller, erst recht kluger Diplomatie hat China einen erheblichen Nachholbedarf. (e) Chinas ambitionierte Projekte beinhalten viele Unwägbarkeiten und Risiken, deren automatische Bewältigung nicht vorausgesetzt werden kann. Bereits in den letzten Jahren wiederholt China außerdem Fehler der westlichen Politik und fügt eigene Fehler hinzu. Das kann ein verstärktes *self-containment* zur Folge haben, wie es 2020 verstärkt zu beobachten war, als Chinas auftrumpfende Impfstoff-Diplomatie zumindest in Teilen der Welt (wie der EU) das Gegenteil des Gewollten erreichte.

4. Auch in Bezug auf China ist das „Ende der Geschichte“ offen. Die Herrschaft und das Gedankengut von Xi Jinping wird die Entwicklung dieses dynamischen und komplexen Landes nicht dauerhaft bestimmen. Eine Rückkehr zu begrenztem Pluralismus, größerer Partizipation und Offenheit sind ebenso möglich wie die sklerotisierende Etablierung einer kontrollierenden Autokratie, eine erfolgreiche Output-Autokratie oder disruptive Brüche. Gleiches gilt für die weltpolitische Rolle des Landes und seine Außenpolitik. Autokratie und weltpolitischer *Restraint* können dabei Hand in Hand gehen; aber auch innenpolitische Öffnung bzw. Reform und aggressiv-nationalistisches Außenverhalten.

   Akteure im internationalen System sind gut beraten, wenn sie diese Offenheit der Zukunft perzipieren, um friedenspolitisch wünschbare Entwicklungen fördern zu können – soweit das von außen möglich ist.

5 Sino-amerikanische Macht-, System- und Militärkonkurrenz und die regionale Sicherheit

1. Zwischen den USA und der Volksrepublik China hat sich eine umfassende Macht-, System- und Militärkonkurrenz herausgebildet. Den Kern des Konflikts stellt die Machtkonkurrenz dar: Die USA würden sich auch dagegen wehren, von einem demokratischen China eingeholt oder überholt zu werden (wie von einem demokratischen Japan in den 1980er Jahren); ebenso wenig wie sie bereit sind, die demokratische EU als gleichberechtigten Machtpol anzuerkennen. Die Systemkonkurrenz lädt die Machtkonkurrenz zusätzlich auf, denn tatsächlich sind das westlich-demokratische Modell und das autoritäre Parteistaatsmodell Chinas nicht miteinander vereinbar. Chinas politisches System stellt in der umfassenden Konkurrenz seine größte Schwachstelle dar. China ist aus diesem Grund für den größten Teil der Welt kein attraktives Modell, ungeachtet seiner Effektivität. Attraktivität entfaltet allerdings, gefördert durch die immer enger getakteten Krisen des seit den 1980er Jahren neoliberal entfesselten westlichen Kapitalismus, das chinesische Entwicklungsmodell mit starker staatlicher Steuerung.

   Die Militärkonkurrenz stellt eine abgeleitete Funktion aus Macht- und Systemkonkurrenz dar, die sich teilweise verselbständigen kann, aber – abhängig vom jeweiligen Kosten-Nutzen-Kalkül – grundsätzlich offen ist für eine Einhegung bzw. Verregelung zum Beispiel durch Rüstungskontrolle. Auf dem Weg einer umfassenden Konfrontation wird dieses Ziel nicht zu erreichen sein.

   Die Zeiten der *bipartisanship* in der Außenpolitik der USA gehören schon lange der Vergangenheit an. Auch in Bezug auf ihre Außenbeziehungen sind die Vereinigten Staaten ein tief gespaltenes und polarisiertes Land. Das trifft *nicht* zu auf die Gegnerschaft zu China, die partei- bzw. lagerübergreifend geteilt wird, im Kongress fest verankert ist und der insofern identitätsstiftende Wirkung für das weltpolitische Selbstverständnis der USA zukommt.

   Eine Macht- und Militärkonkurrenz gegen China und Russland zugleich können die USA nach derzeitigem Stand nicht dauerhaft für sich entscheiden – auch nicht mit der (in dieser Form unwahrscheinlichen) uneingeschränkten Unterstützung ihrer Verbündeten. Das gilt mit großer Sicherheit militärisch; höchstwahrscheinlich aber auch wirtschaftlich und technologisch.[5] Das zur Realität gewordene Narrativ von der Großmachtkonkurrenz USA-Russland-China ist insofern nicht logisch zu Ende gedacht worden. China mit seiner großen Bevölkerung und seinem ökonomischen, technologischen sowie innovativen Potenzial und Russland als ressourcenreichstes Land der Welt und Besitzer des größten Nukleararsenals ergänzen sich sehr gut. Allerdings sind beide weder natürliche Verbündete noch ist ihre Beziehung symmetrisch. Weder erkennt China die Annexion der Krim und anderer ukrainischer Territorien an noch Russland Chinas Territorialansprüche im Südchinesischen Meer.

Russlands Angriffskrieg gegen die Ukraine ist mit dem Interesse Chinas an einem stabilen, friedlichen Umfeld für seine wirtschaftliche Entwicklung nicht vereinbar. Die in den zurückliegenden Jahren enge Zusammenarbeit zwischen beiden Staaten ist nicht ausschließlich, aber vorwiegend das Resultat westlicher Politik bzw. daraus resultierender, korrespondierender gemeinsamer Interessen; ergänzt durch Pfadabhängigkeiten z.B. in der Rüstungskooperation. Es liegt im Interesse europäischer und deutscher Politik, „China und Russland" nicht als Block zu adressieren, sondern als zwei unterschiedliche Akteure, deren Interessen teilweise übereinstimmen und teilweise konfligieren.

2. In Ost- und Südasien existiert keine umfassende, funktional adäquate, arbeitsfähige und hinreichend institutionalisierte Kooperationsstruktur des Staatensystems. Zahlreiche Territorialkonflikte sind ungelöst, es fehlt an wirksamen Sicherheitsinstitutionen, eine Auseinandersetzung mit Erblasten der Vergangenheit hat nur ansatzweise stattgefunden, wenn überhaupt. In vielen Ländern dominiert der Nationalismus. Vor allem fehlt es auf fast allen Seiten an *Empathie* als Grundvoraussetzung jeder realistischen, friedensfördernden Außen- und Sicherheitspolitik. Kurzgefasst: Ostasien, aber auch Südasien befinden sich in einem Zustand des unzureichend eingehegten *Sicherheitsdilemmas*, das durch den zunehmenden Grad ökonomischer Interdependenzen bisher nur in begrenzter Weise verringert werden konnte (*Asian Paradox*).

---

5 Gleiches gilt für China. China und Russland wiederum werden mit großer Wahrscheinlichkeit die Systemkonkurrenz nicht für sich entscheiden können. Während es sich bei Russland um eine klassische Autokratie handelt, gewinnt die Volksrepublik China Attraktivität durch den hohen Grad an Output-Legitimität. Allerdings ist zweifelhaft, ob diese Leistung im globalen Maßstab ausreicht, wenn sie nicht durch Partizipation und Pluralismus ergänzt wird.

Für die Erfassung der politisch-ökonomischen Entwicklung in Ost- und Südasien sind sechs Analysedimensionen von Bedeutung:

- die regionalen Eigendynamiken mit ihren Prozessen von Kooperation, Konkurrenz und Konflikt;
- die sino-amerikanische Machtkonkurrenz, die zu den regionalen Eigendynamiken in einem Spannungsverhältnis steht und diese zunehmend überlagert;
- die vergleichsweise schwache Verregelung bzw. Institutionalisierung und ein staatenzentriertes Politikverständnis;
- die spezifisch asiatischen Wege des Umgangs mit Konflikten (z.B. Vorrang von Prozess vor Ergebnis; Wahrung des *Gesichts*);
- eine konfliktbelastete und konfliktverschärfende Geschichte;
- die Rolle externer Akteure.

3. China ist (noch) nicht groß genug, um die Region hegemonial bestimmen zu können, aber zu groß, um sich in die Region als *Gleicher unter Gleichen* einzuordnen. Der ökonomische Aufstieg Chinas führt zu Interdependenzen und tatsächlichen Abhängigkeiten. Auf globaler Ebene stellt die militärische Modernisierung in China noch auf längere Zeit keine Herausforderung für die USA dar. In der Region Ostasien allerdings werden dadurch die Optionen Amerikas eingeschränkt, das seine Hegemonie bedroht sieht. Außerdem verändert der militärische Aufrüstungs- und Modernisierungsprozess die Kräfteverhältnisse in der Region, obwohl Japan oder Südkorea (und selbstverständlich die USA) technologisch immer noch über einen Vorsprung gegenüber China verfügen. Es gibt keine anerkannte „Messgröße“ für einen angemessenen Umfang der Volksbefreiungsstreitkräfte. In seinem Selbstverständnis als Großmacht orientiert sich China, besonders in Bezug auf Marine und Spezialkräfte, am Potenzial der USA. Für die meisten Nachbarn erscheint seine Aufrüstung, in Kombination mit Territorialansprüchen und generellem Machtzuwachs, bedrohlich bzw. destabilisierend. Eine nachhaltige Einhegung des Sicherheitsdilemmas kann letztlich nur durch Rüstungskontrolle erfolgen; und zwar bi- und multilateral und sektoral in Bezug auf konventionelle und nukleare Systeme bzw. unterschiedliche Reichweiten. Derzeit sieht sich China noch nicht in einer Position hinreichender Stärke, um über Kernbereiche der Rüstungskontrolle zu verhandeln. Die USA zielen hingegen auf die Festschreibung ihrer Überlegenheit ab – auch auf dieser Grundlage wird Rüstungskontrolle nicht möglich sein.

4. Die 2011 – also vor dem Amtsantritt Xi Jinpings – proklamierte neue US-amerikanische Pazifik-Strategie (*Pivot to Asia*) hat die Sicherheitslage in Ostasien nicht verbessert, sondern zusätzliche Spannungen generiert.

Während Washington seinen Status als regionaler Hegemon zu behaupten sucht, zielt Beijing darauf ab, die Bedeutung der USA in der Region sukzessive zu verringern. Beide Zielsetzungen und die daraus abgeleitete Politik lassen sich bestenfalls partiell einhegen, aber nicht wirklich miteinander vereinbaren. Der Machtgewinn Chinas hat bei vielen seiner Nachbarn zu der Forderung nach einer verstärkten, balancierenden und rückversichernden regionalen Rolle der USA geführt. Weil das Vertrauen in die Stärke und Zuverlässigkeit (*credibility*) des Sicherheitsgaranten USA aber schon unter Obama zurückging, setzen einige Staaten wie Australien, Indien und Japan auf ein ergänzendes militärisches Engagement der EU bzw. wichtiger EU-Staaten als zusätzliches *Balancing*-Element. Einige Akteure (wie Japan) haben den ursprünglichen *Pivot to Asia* zwischenzeitlich auch im Sinne einer eigenen *assertiveness* instrumentalisiert. Gleichwohl halten die meisten Staaten der Region an einer engen wirtschaftlichen Zusammenarbeit mit der Volksrepublik fest. Sie wollen beides: Kooperation mit China *und* mit den USA. Damit ist eine wichtige Bedingung für kooperative Sicherheitspolitik grundsätzlich gegeben.

5. Japans Beitrag zur Herausbildung kooperativer Sicherheit in Ostasien war und ist begrenzt. Die kurze Regierungszeit der Demokratischen Partei (2009-2012) führte nicht zur dringend notwendigen Auflösung von innenpolitischen Reformblockaden und zur ursprünglich angestrebten Neudefinition der japanischen Rolle in der Region, sondern zur Rückkehr der liberaldemokratischen Dauerherrschaft in dezidiert rechtskonservativer Variante. Die Regierung Abe strebte aktiv nach außenpolitischer *Normalisierung* und nach einer Verfassungsrevision. In Bezug auf den Zweiten Weltkrieg vertritt Japan wieder eine offen geschichtsrevisionistische Politik. Seine Außenpolitik befindet sich unverändert in starker Abhängigkeit von den USA. In der Region wird Japan, vor allem aufgrund seiner problematischen Vergangenheitspolitik, nur bedingt akzeptiert. Allerdings haben der Aufstieg Chinas bzw. damit verknüpfte Bedrohungsperzeptionen dazu geführt, dass tief verwurzelte Vorbehalte gegenüber Japan zumindest vorübergehend zurückgestellt wurden.

6. Westliche Indo-Pazifik-Konzepte zielen darauf ab, Indien als Gegengewicht zu China zu positionieren. Die Außenpolitik der Indischen Union ist darauf gerichtet, dass Land als umfassende Großmacht und als eigenständigen Pol der Weltpolitik (inklusive Nuklearwaffenbesitz und ständigen Sitz im VN-Sicherheitsrat) zu etablieren. Traditionell ist Indiens Außenpolitik am Konzept der *Strategischen Autonomie* ausgerichtet, was mit der Betonung des Nichteinmischungsprinzips und der Ablehnung von Bündnisbeziehungen einhergeht. Demgemäß will Indien eine Instrumen-

talisierung durch Dritte vermeiden und seine eigene Position im Indo-Pazifik in der neuen Konstellation nachhaltig stärken. Der Ausbau der Zusammenarbeit in der *Quad* oder die neubelebte Partnerschaft mit der Europäischen Union gehen einher mit der Aufrechterhaltung der historisch gewachsenen Beziehungen zu Russland. Diese Grundsatzposition hat Indien auch nach Russlands Angriff auf die Ukraine nicht verändert. Unter der Regierung Modi nimmt Indien eine immer stärker autoritäre und hindu-nationalistische Entwicklung, die den Charakter des Landes als pluralistische Demokratie stark gefährdet bzw. schon untergraben hat. Angesichts dieser Entwicklungen kann das Land nur mit Einschränkungen als *Wertepartner* des demokratischen Westens verstanden werden.

7. Die sicherheitspolitische Kooperation im Indo-Pazifik wird gekennzeichnet durch institutionelle Vielfalt und geringe inhaltliche Tiefe. Verschiedene Institutionen, Dialog- und Kooperationsformate (z.B. APEC, ASEAN Plus Three, EAS) überschneiden sich nicht nur in Bezug auf ihren Teilnehmerkreis, sondern auch in Bezug auf die zu bearbeitenden Aufgaben. Im Vordergrund der Kooperationen steht der multilaterale Dialog, während es an Strukturen mangelt. Mindestens ebenso wichtig wie diese multilaterale Zusammenarbeit sind die bilateralen Bündnisbeziehungen der Vereinigten Staaten z.B. mit Japan, Südkorea oder (unterhalb des Allianzformats) Taiwan. Eine stärkere Zusammenarbeit im Format der *Quad* (Australien, Indien, Japan, USA) wurde im Frühjahr 2021 durch die Biden-Administration eingeleitet.

8. Gegenwärtig müssen die Aussichten für die Herausbildung kooperativer Sicherheitsstrukturen skeptisch beurteilt werden:
   - Die großen Mächte USA, China, Indien und Japan sind an solchen Schritten (noch) nicht interessiert. Sie setzen derzeit auf den Vorrang bilateraler Beziehungen vor multilateraler Sicherheitsvorsorge.
   - Die kleineren Staaten sind nicht einflussreich genug, um ihre multilateralen Präferenzen auf der Agenda durchzusetzen. Das gilt insbesondere für ASEAN, die noch in den 1990er Jahren die Entwicklung der sicherheitspolitischen Zusammenarbeit wesentlich mitbestimmte.
   - Die Konkurrenz zwischen den USA und China überlagert die Sicherheitskonstellation in Ostasien und im Indo-Pazifik immer stärker und kompliziert die Ausarbeitung regionaler Arrangements zusätzlich.

9. Friedenspolitisch notwendig erscheint vor diesem Hintergrund eine Politik, die Verfeindungsprozesse (inklusive Aufladung bzw. Mobilisierung von Affekten sowie Stereotypen) nicht vorantreibt, *Decoupling* und *Containment* entgegentritt, China wo erforderlich sehr deutlich kritisiert, aber

nicht dämonisiert, und Kooperationsformate mit China fortsetzt. Von der Europäische Union könnte eine solche Politik verfolgt werden. Eine weitere Versicherheitlichung aller Themen und Beziehungen im Indo-Pazifik und eine noch zunehmende Dominanz des amerikanisch-chinesischen Großkonflikts gegenüber den Eigendynamiken der Region dürfte zur weiteren Verfestigung und Zuspitzung des Konflikts führen. Eine solche Entwicklung dürfte auch durch ein Auftreten der EU bzw. ihrer Führungsmächte als militärische Akteure (bei gleichzeitiger Hintanstellung der eigentlichen Spezialisierungsvorteile der EU als *normative power* und *broker*) verstärkt werden.

6 Empfehlungen für die deutsche und europäische Politik

„Europa muss sich in einer Welt orientieren, die in jeder Dimension tiefgreifend von China mitgeprägt wird – nicht immer im europäischen Sinn, aber auch nicht im fundamentalen Widerspruch dazu. […] In Fragen der fundamentalen politischen Ausrichtung und mit Blick auf den Umgang mit einem sich verschärfenden Konflikt zwischen China und den USA stellt sich für Europa eine nochmals kompliziertere Herausforderung. Als generelles Prinzip sollte gelten, sich nicht in ein Lager drängen zu lassen, sondern konstruktive Beziehungen zu beiden Seiten zu unterhalten. Ein Einschwenken auf die zuletzt in Washington forcierte Linie einer ‚strategischen Entkopplung' oder gar Einhegung Chinas dient weder europäischen Sachinteressen noch dem Wunsch nach einer friedlichen, offenen und nicht in Lager getrennten Welt. Die fundamentalen normativen Trennlinien zwischen Brüssel und Peking sind ebenfalls nicht zu übersehen und werden ein Element der Rivalität bleiben. Eine Politik der strategischen Autonomie und der kritischen, aber nicht gleichen Distanz zu beiden Seiten bietet daher die besten Chancen, diesen Differenzen Rechnung zu tragen. Auf diese Weise kann Europa eine eigenständige Entspannungspolitik betreiben und das Vertrauensdefizit zwischen den beiden Supermächten als Mittler überbrücken. Die Wahrnehmung einer solchen Rolle ist aus friedenspolitischer Verantwortung dringend geboten und dürfte auch auf rege Unterstützung zahlreicher anderer Staaten treffen, die sich ebenfalls keinen Rückfall in ein starres Blockdenken wünschen" (Friedensgutachten 2021: 45).

„In Südostasien gilt die EU als erstrebenswerter Partner, der vor allem durch glaubwürdiges Eintreten für eine regelbasierte und multilaterale Ordnung punktet. Dies ließe sich nutzen, um Europa als neutrale, wertebasierte Kraft zu etablieren, die auf alle Konfliktparteien gleichermaßen einwirkt. Der gute Ruf Europas gebietet jedoch auch, in Bezug auf internationales Recht und konkrete Urteile nicht nur gegenüber China auf Anerkennung zu pochen, sondern gegenüber allen Konfliktparteien mit Territorialansprüchen. Auch externe Akteure wie die USA oder Japan sollten daran erinnert werden, ihre eigenen, andernorts erhobenen Ansprüche auf ausschließliche Wirtschaftszonen entsprechend zu überprüfen" (Friedensgutachten 2021: 36).

1. Die Europäische Union sollte im Großkonflikt zwischen den USA und China nicht Partei ergreifen, sondern eine eigenständige Position einnehmen. Auf diese Weise würde sie ihrem Anspruch gerecht, durch eigene Initiativen zur Gestaltung der internationalen Ordnung beizutragen, Frieden und Sicherheit zu fördern und als ein eigenständiger globaler Akteur aufzutreten. Bei vielen Themen sind gemeinsame oder ähnliche Positionen zwischen der Europäischen Union und den Vereinigten Staaten von Amerika möglich und wahrscheinlich und sollten auch gemeinsam vertreten werden. Im Unterschied zu den USA sieht sich die EU aber nicht in einer Machtkonkurrenz mit China um die Vorrangstellung in der Welt.

Sie sollte, klug informiert, auch kein Interesse daran haben, eine neue *Bipolarität* als *strukturierendes Prinzip* in einem komplexen internationalen System zu fördern. Die 2019 festgelegte China-Strategie der EU mit ihren drei Elementen Partnerschaft, Wettbewerb und Systemrivalität stellt einen guten Rahmen dar, um das Beziehungsmuster in allen drei Dimensionen aktiv zu gestalten.

Die hier genannten Aussagen zu Schnittmengen der Kooperation EU-USA gelten für Administrationen, die zweifelsfrei im demokratischen Spektrum verankert sind. Mit einer rechtspopulistischen Administration unter Einschluss rechtsextremer Elemente darf es ein solches Zusammengehen nicht geben, wenn die EU sich weiterhin als Friedens- und Wertegemeinschaft verstehen will. Auch Zweck und Ziel des Atlantischen Bündnisses NATO stehen nicht über der liberalen Demokratie, sondern setzen diese voraus.

2. Die von der Trump-Administration ausgerufene, von der Biden-Administration im Wesentlichen fortgesetzte Politik einer Großmächtekonkurrenz USA-China-Russland ist nicht zu Ende gedacht. Das Ziel dieser langfristig angelegten Politik wird nicht klar bezeichnet. Das implizite Ziel, die Ordnungsvorstellungen der USA voll durchzusetzen und ihre Hegemonialposition im internationalen System umfassend zu behaupten, erscheint angesichts von strukturellen Entwicklungstrends in Richtung Multipolarität und Machtdiffusion fragwürdig. Die Biden-Administration hat die fundamentale Konkurrenz mit China ergänzt durch die Anerkennung von Kooperationsnotwendigkeiten in Bereichen wie dem Klimawandel oder der Rüstungskontrolle. Allerdings hat sie diese Konkurrenz auch erweitert – und damit weiter entgrenzt – um eine ideologische Dimension (*Autokratie versus Demokratie*). In der praktischen Umsetzung stehen nicht Demokratie, sondern Eindämmung und *Roll Back* im Vordergrund. Die Ausrufung von Strategien ohne Finalität und *Exit* hat in den Vereinigten Staaten eine lange, aber wenig inspirierende Tradition. Ein Beispiel dafür stellt der 2001 proklamierte *Krieg gegen den Terror* dar, dessen vorläufige Bilanz – bis hin zum Debakel in Afghanistan (2021) – als mäßig erfolgreich zu bewerten ist. Die Europäische Union sollte Abstand halten von Strategien ohne Finalität, Fokus und Ausweg. Auch sollte sie zur Kenntnis nehmen, dass ihr in diesen Konzepten eine eigenständige Rolle nicht zugedacht wird.

3. Die Menschenrechte als, neben den Grundsätzen von Souveränität und Gewaltverbot, dritte zentrale Säule der internationalen Ordnung, sind für Deutschland und die Europäische Union nicht verhandelbar. Dem Verständnis des modernen Völkerrechts folgend, darf der Begriff der Men-

schenrechte nicht auf die klassischen Freiheitsrechte verengt werden, sondern muss gleichermaßen soziale und Teilhaberechte umfassen. Auch und gerade in den Beziehungen zu nicht-westlichen Staaten kommt dem beharrlichen Eintreten für die Menschenrechte ein hoher Stellenwert zu. Zwischen China und der EU gab es zu keinem Zeitpunkt ein gemeinsames Verständnis in Bezug auf Herrschaftssystem und Menschenrechte, wohl aber größere Schnittmengen in Teilbereichen als derzeit. Eine auf tatsächliche Fortschritte ausgerichtete Menschenrechtspolitik der EU sollte Defizite klar benennen und die Strategie des Dialogs bevorzugen. Die Menschenrechts- und Rechtsstaatsdialoge mit der Volksrepublik China sollten fortgesetzt und vertieft werden. Die eigene Glaubwürdigkeit wird stets wesentlich mitbestimmt von der Menschenrechtsverwirklichung im eigenen Land und der Vermeidung von doppelten Standards. Auch gegenüber, zum Beispiel, Indien oder Singapur, immer noch bzw. bis vor kurzem noch „Wertepartner", sind Menschenrechtsdefizite zu thematisieren. Im Verhältnis zwischen der EU bzw. Deutschland und China sind, gemessen an allen Erfahrungen, Sanktionen ein ambivalentes Instrument, um Verhaltensänderungen zu erreichen. Sie tragen eher zur politischen Verhärtung bei und erschweren den auch kontroversen Dialog. Dessen sollte sich die EU bewusst sein, wenn sie – gleichwohl – Sanktionen bei Menschenrechtsverletzungen ergreift.

4. Die zunehmende Bestimmung der internationalen Beziehungen durch das Völkerrecht als einem Recht der internationalen Kooperation stellt einen gewaltigen Fortschritt in der Menschheitsgeschichte dar. Die fortschreitende Erosion des Völkerrechts, vor allem durch Handlungen großer Mächte, darf schon aus diesem Grund nicht hingenommen werden. Diese Entwicklung widerspricht dem normativen Anspruch der Europäischen Union als einer Macht, die die *Stärke des Rechts* als zentrales internationales Ordnungsprinzip betrachtet. Demgemäß sollten die EU und Deutschland das Völkerrecht strikt beachten, machtgesteuerten einseitigen Auslegungen, Völkerrechtsbrüchen und doppelten Standards eine klare Absage erteilen. In Bezug auf Territorialstreitigkeiten im Indo-Pazifik folgt daraus: Alle Mitgliedsstaaten der Union sollten sich der Verpflichtung zur obligatorischen Streitschlichtung in der *UN Convention on the Law of the Seas* unterwerfen. Für dieses Ziel sollten sie auch in der Region engagiert werben. Zugleich sollte die EU die Vereinigten Staaten von Amerika auffordern, diesem Abkommen beizutreten und es zu ratifizieren.

5. Kooperation erfordert Kommunikation. Gefördert durch die Covid 19-Pandemie, hat sich der direkte, politisch-diplomatische, wissenschaftliche oder kulturelle Austausch mit China in den letzten drei Jahren deutlich verringert. Dazu hat auch die strikte *No Covid*-Strategie und Quarantänepolitik der Volksrepublik beigetragen. Dieser Zustand darf sich im Interesse aller Beteiligten nicht verfestigen. Insbesondere wissenschaftliche Partnerschaften, Verbindungen und Dialogformate in Bereichen wie Klimawandel, Gesundheitsvorsorge oder Rüstungskontrolle sollten schrittweise und schnellstmöglich wiederhergestellt, ausgebaut und vertieft werden. Wissenschaftlicher Austausch ist ein Wert an sich, kann wechselseitiges Verständnis fördern und umfassendere Kooperation befördern.

6. Die beste Strategie für wirtschaftliche Wettbewerbsfähigkeit liegt in der Stärkung der eigenen Potenziale von Innovationsfähigkeit und Technologieführerschaft durch die Europäische Union. Eine gezielte, längerfristig angelegte Förderpolitik bewirkt mehr als protektionistische oder andere Maßnahmen, die auf eine Reduzierung der Wettbewerbsvorteile Chinas abzielen. Deshalb sollten sich Deutschland und die EU an Handels- und Technologiekriegen mit dem Ziel, Chinas Aufstieg zu behindern, nicht beteiligen. Das multilaterale Regelwerk und die Schiedsgerichtsbarkeit der WTO stellen die geeigneten Grundlagen dar, um gegen Regelverletzungen durch China wie durch andere Akteure vorzugehen. Als größter Handelspartner Chinas verfügt die EU über ein erhebliches verhandlungspolitisches Gewicht, um den Zielen gleichen Marktzugangs und vergleichbarer Wettbewerbsbedingungen, also Reziprozität, näherzukommen. Eine Verknüpfung mit nicht-ökonomischen Fragen ist nicht zielführend.

7. Die Indo-Pazifik-Strategie der Europäischen Union (2021) und die entsprechenden Leitlinien der deutschen Bundesregierung (2020) folgen dem Prinzip der Inklusivität, befürworten Kooperative Sicherheit und die Verstärkung der sicherheitspolitischen Verbindungen in der Großregion. Die bis Ende 2021 amtierende Bundesregierung hat diese inhaltlich ausgewogene Herangehensweise nur ansatzweise umgesetzt. Stattdessen behandelte sie „Kooperative Sicherheit" als einen Unterlassungsteil und „Stärkung der sicherheitspolitischen Verbindungen" als den eigentlichen Handlungsteil. Initiativen zur Förderung von kooperativen Sicherheitsstrukturen oder Rüstungskontrolle waren nicht zu verzeichnen. Nur wenig mehr Aufmerksamkeit fand auch die Entwicklung der Beziehungen zur großen Staatengemeinschaft ASEAN. Stattdessen wurden die Militärbeziehungen zu Australien und Japan als den beiden Staaten verstärkt, die ähnlich wie die USA eine in den Leitlinien abgelehnte Eindämmung Chinas verfol-

gen. Nur mit diesen Staaten wurde auch das für die deutsche Außenpolitik ungewöhnliche 2+2-Dialogformat unter Beteiligung von Außen- und Verteidigungsministern vereinbart. Während eine gestaltende Rolle des Auswärtigen Amts nicht erkennbar war, übernahm das Bundesministerium der Verteidigung faktisch die Federführung. Bemerkenswerterweise wurde die strategische Kommunikation der Indo-Pazifik-Leitlinien in der Sicherheitspolitik dann der Leitung der deutschen Marine überlassen. Es bleibt abzuwarten, ob die China-Strategie der Ampel-Koalition zu einer Politik „aus einem Guss“ findet.

8. Wertepartner sind keine Bündnispartner. *Wertepartnerschaft* bezeichnet eine – unterschiedlich präzise definierte – Partnerschaft in Bezug auf bestimmte inhaltliche Gemeinsamkeiten; *Bündnispartnerschaft* bedeutet in der Regel auch vertraglich vereinbarte Beistandspflicht im Konfliktfall. Diese Unterschiede zu verwischen, zeugt von sicherheitspolitischer Unbedarftheit oder von einem willentlich fahrlässigen Umgang mit völkerrechtlichen Kategorien. Auf diese Weise wurde die deutsche Außen- und Sicherheitspolitik in ihren Handlungsspielräumen beschädigt. Deshalb ist eine Rückkehr zu rechtlich fundierten Begriffsverständnissen und sorgfältiger diplomatischer Sprache erforderlich.

9. Die EU und Deutschland sind im Konflikt über Taiwan kein ausschlaggebender Akteur. An einer Verschärfung oder Eskalation des Konflikts haben sie kein vernünftiges Interesse. Sie wollen Frieden und Stabilität in der Taiwan-Straße. Ein Krieg in Ostasien hätte weitreichende politische und wirtschaftliche Konsequenzen, die die Auswirkungen des russischen Angriffskrieges gegen die Ukraine vielfach übertreffen werden.

   Die EU und Deutschland sollten – vorwiegend nichtöffentlich – auf die Biden-Administration einwirken, damit diese eindeutig zur Politik der *strategischen Ambiguität* unter Einschluss der Nichtanerkennung einer Unabhängigkeit Taiwans zurückkehrt. Zu diesem Zweck wäre auch eine diplomatische Abstimmung bzw. Kooperation mit den ASEAN-Staaten zielführend.

   Die EU und Deutschland sollten der Volksrepublik China sehr klar signalisieren, dass ein militärischer Angriff auf Taiwan zu weitreichenden Sanktionen der EU und damit zu einem hohen wirtschaftlichen Preis führen würde. Zugleich sollten sie an ihrer *Ein-China-Politik* festhalten und dies – ebenso wie die Aufforderung zur Deeskalation – in Beijing deutlich kommunizieren.

10. Die Bundesrepublik Deutschland hat – einer Entscheidung Konrad Adenauers folgend – nie diplomatische Beziehungen zur Republik China auf Taiwan unterhalten. Sie sollte auch zukünftig sehr konfliktsensibel mit der Entwicklung der Beziehungen umgehen Eine Verstärkung der Beziehungen von EU und Deutschland zu Taiwan z.B. auf wirtschaftlichem und technologischem Feld ist möglich. Dagegen sollten Statusfragen nicht berührt werden. Alleingänge einzelner EU-Staaten zur Statusaufwertung Taiwans sind für die Einhegung des Konflikts nicht zielführend. Deutschland sollte solche Alleingänge nicht unterstützen und das in der EU deutlich kommunizieren.

11. Das Potenzial für eine sicherheitspolitische Rolle der Europäischen Union und erst recht ihrer Mitgliedsstaaten im Indo-Pazifik ist eher gering. Ausschlaggebend dafür sind begrenzte Ressourcen, begrenzte Übereinstimmungen bei der Entwicklung einer Strategie und bereits stattfindende nationale, die Politik der EU präjudizierende Alleingänge. Auch im Indo-Pazifik liegen die Spezialisierungsvorteile der Europäischen Union vor allem in ihren Fähigkeiten zu Interessenausgleich und zur Förderung Kooperativer Sicherheit begründet. Ein Aufbau militärischer Präsenzen steht dazu im latenten Widerspruch. In Bezug auf die Prozesse von Kooperation und Konfrontation in der Region fördert ein solcher Aufbau die Dynamiken der Konfrontation, ohne diese Entwicklung letztlich beeinflussen zu können. Dazu kommt noch der erfolgreiche Versuch dritter Akteure, die EU und Deutschland für ihre Ziele zu instrumentalisieren.

    Diese Befunde werden durch eine Analyse der Indo-Pazifik-Fahrt der deutschen Fregatte „Bayern" 2021/22 bestätigt. Für sich genommen, stellt die Entsendung dieses Schiffes nur ein Ereignis von begrenzter Relevanz dar. Aufgrund der begleitenden Rhetorik – Nicht-Inklusivität; „Eindämmung" Chinas; Einleitung einer größeren nationalen Marinepräsenz in der Region; beanspruchte Signalwirkung für die „regelbasierte internationale Ordnung" bei gleichzeitigem Schulterschluss mit Mächten der selektiven Regel- und Werteakzeptanz – erscheint sie hingegen als hochproblematischer Versuch, Deutschland durch strategische Kommunikation als Konfliktpartei zu positionieren. Ein solches *Framing* widerspricht den Leitlinien zum Indo-Pazifik und ist politisch kontraproduktiv. Es stellt auch keinen Beitrag zu einer nachhaltig konzipierten Sicherheitspolitik dar.[6]

Deutschland sollte auf eine ständige militärische Präsenz in der Region verzichten und stattdessen, im Verbund der EU, vor allem die ASEAN, aber auch andere gleichgesinnte Staaten, in ihren Bemühungen für Kooperative Sicherheit und Konfliktregelung nachdrücklich unterstützen.

---

6 Durch die „strategische Kommunikation" der sicherheitspolitischen Komponenten der Indo-Pazifik-Leitlinien seitens der Verteidigungsministerin Kramp-Karrenbauer (2019-2021) wurde genau dieses Framing vorgenommen. An einem Dialog mit China war die Ministerin zu keinem Zeitpunkt interessiert. Eine Analyse öffentlicher Stellungnahmen von Vizeadmiral a.D. Schönbach, bis zu seiner Entlassung am 22.1.2022 Inspekteur der Deutschen Marine, bestätigt diesen analytischen Befund und dokumentiert ein beunruhigend begrenztes Kenntnisniveau über die Großregion Indo-Pazifik. Schönbach äußerte sich davon überzeugt, dass der Aufstieg Chinas nur mit Gewalt beendet werden könne: „Das muss enden, und am Ende ist der einzige Weg, das mit Gewalt zu tun." Die militärische Präsenz Deutschlands im Indo-Pazifik müsse deshalb Schritt für Schritt erhöht werden. Eine Allianz mit Russland gegen China sei wünschenswert (vgl. Manohar Parrakar Institute 2022; Tageszeitung 2022).

Weiterführende und zitierte Literatur

Allison, Graham (2017): Destined for War: Can America and China Escape Thucydides's Trap? New York.

Brunnermeier, Markus/Doshi, Rush/James, Harold (2018): Beijing's Bismarckian Ghosts: How Great Powers Compete Economically. In: Washington Quarterly, Band 43, Nr. 3, S. 161-176.

Bundesregierung (2020): Leitlinien zum Indo-Pazifik. Deutschland-Europa-Asien. Das 21. Jahrhundert gemeinsam gestalten, Berlin. Online: https://www.auswaertiges-amt.de/blob/2380500/33f978a9d4f511942c241eb4602086c1/200901-indo-pazifik-leitlinien--1--data.pdf [Zugriff am 31.10.2022].

Choong, William (2014): The Ties that Divide. History, Honour and Territory in Sino-Japanese Relations, Abingdon/New York.

Deutscher Bundestag (2021): Regierungserklärung von Bundeskanzler Olaf Scholz, 15.12.2021, Stenographischer Bericht. Online: https://dserver.bundestag.de/btp/20/20008.pdf [Zugriff am 3.1.2022].

European Union Chamber of Commerce in China/Mercator Institute for China Studies (2021): Decoupling. Severed Ties and Patchwork Globalisation, Berlin. Online: https://merics.org/sites/default/files/2021-01/Decoupling_EN.pdf [Zugriff am 31.10.2022].

Fravel, M. Taylor (2019): Active Defense. China's Military Strategy since 1949, Princeton/Oxford.

Friedberg, Aaron L. (2011): A Contest for Supremacy. China, America, and the Struggle for Mastery in Asia, New York/London.

Friedensgutachten (2021): Europa kann mehr! Bonn International Conversion Center/Hessische Stiftung Friedens- und Konfliktforschung/Institut für Friedensforschung und Sicherheitspolitik (Hrsg.), Bielefeld. Online: http://friedensgutachten.de/user/pages/04.archiv/2021/02.ausgabe/FGA_2021_gesamt.pdf [Zugriff am 31.10.2022].

Gareis, Sven B. (2020): Chinas Nuklearstrategie in einem neuen geopolitischen Umfeld. In: Ethik und Militär, Band 7, Nr. 1, S. 79-85.

Global Asia (2022): Taking Taiwan. The Risks, and Costs, of China Choosing Conflict, Band 17, Nr. 3, Seoul. Online: https://www.globalasia.org [Zugriff am 31.10.2022].

Godehardt, Nadine (2020): Wie China Weltpolitik formt. Die Logik von Pekings Außenpolitik unter Xi Jinping, SWP-Studie, Berlin. Online: https://www.swp-berlin.org/publications/products/studien/2020S19_China.pdf [Zugriff am 31.10.2022].

Groten, David (2019): How Sentiment Matters in International Relations. China and the South China Sea Dispute, Opladen/Berlin/Toronto.

Hansel, Mischa/Harnisch, Sebastian/Godehardt, Nadine (Hrsg.) (2018): Chinesische Seidenstraßeninitiative und amerikanische Gewichtsverlagerung. Reaktionen aus Asien, Baden-Baden.

Harnisch, Sebastian (2016): China's international roles. Challenging or supporting international order? New York.
Hartmann, Wolf D./Maennig, Wolfgang/Wang, Run (2017): Chinas neue Seidenstraße. Kooperation statt Isolation – Der Rollentausch im Welthandel, Frankfurt am Main.
Heiduk, Felix/Wacker, Gudrun (2020): Vom Asien-Pazifik zum Indo-Pazifik. Bedeutung, Umsetzung und Herausforderung, SWP-Studie, Berlin. Online: https://www.swp-berlin.org/publications/products/studien/2020S09_indopazifik.pdf [Zugriff am 31.10.2022].
Hilpert, Hanns Günter/Sakaki, Alexandra/Wacker, Gudrun (2022): Vom Umgang mit Taiwan, SWP-Studie, Berlin. Online: https://www.swp-berlin.org/publications/products/studien/2022S04_Taiwan.pdf [Zugriff am 31.10.2022].
Huang, Ying (2019): Die Chinapolitik der Bundesrepublik Deutschland nach der Wiedervereinigung. Ein Balanceakt zwischen Werten und Interessen, Wiesbaden.
Koalitionsvertrag zwischen SPD, Bündnis 90/Die Grünen und FDP (2021): Mehr Fortschritt wagen. Bündnis für Freiheit, Gerechtigkeit und Nachhaltigkeit, Berlin. Online: https://www.spd.de/fileadmin/Dokumente/Koalitionsvertrag/Koalitionsvertrag_2021-2025.pdf [Zugriff am 12.2.2022].
Kreuzer, Peter (2014): Konfliktherd Südchinesisches Meer. HSFK-Report Nr. 2. Online: https://www.hsfk.de/fileadmin/HSFK/hsfk_downloads/report0214.pdf [Zugriff am 14.11.2022].
Lewis, Jeffrey (2014): Paper Tigers. China's Nuclear Posture, Abingdon/New York.
Mair, Stefan (2022): Strategic Ties, Not Blocs. Why Germany Should Promote a Multipolar Order. In: 49security. Views on Germany's National Security Strategy. Online: https://fourninesecurity.de/en/2022/09/23/why-germany-should-promote-a-multipolar-order [Zugriff am 31.10.2022].
Manohar Parrikar Institute for Defense Studies and Analyses (2022): Talk by Vice Admiral Kay Achim Schonbach, Chief of the German Navy, 21. Januar 2022. Online: https://www.youtube.com/watch?v=ODmkoGQw1TU&t=4049s [Zugriff am 31.10.2022].
Mayer, Maximilian (2018): China's historical statecraft and the return of history. In: International Affairs, Band 94, Nr. 6, S. 1217-1235.
Mearsheimer, John J. (2001): The Tragedy of Great Power Politics, New York.
Meier, Oliver/Staack, Michael (2022): Chinas Rolle in der multilateralen Rüstungskontrolle. Friedrich-Ebert-Stiftung, Bonn. Online: https://www.fes.de/themenportal-die-welt-gerecht-gestalten/frieden-und-sicherheit/artikel-in-frieden-und-sicherheit/chinas-rolle-in-der-multilateralen-ruestungskontrolle [Zugriff am 31.10.2022]. Englische Fassung: China's Role in Multilateral Arms Control. Online: https://www.fes.de/en/shaping-a-just-world/peace-and-security/article-in-peace-and-security/chinas-role-in-multilateral-arms-control [Zugriff am 31.10.2022].
Mouritz, Frank (2021): The Influence of Economic Interdependence on US-China Relations. An Analysis of Economic Incentives for Continued Cooperation, Opladen/Berlin/Toronto.
Mühlhahn, Klaus (2021): Geschichte des Modernen China. Von der Qing-Dynastie bis zur Gegenwart, München.
Naß, Matthias (2021): Drachentanz. Chinas Aufstieg zur Weltmacht und was er für uns bedeutet, München.

Noesselt, Nele (2010): Alternative Weltordnungsmodelle? IB-Diskurse in China, Wiesbaden.

Noesselt, Nele (2020): China's New Silk Road Dreams. In: Berliner China-Hefte/ Chinese History and Society, Band 52, Berlin.

Noesselt, Nele (2021): Chinese Politics. National and Global Dimensions, Baden-Baden.

Open Letter to the President and Congress on China Policy. In: The Washington Post, 4. Juli 2019. Online: https://www.openletteronuschina.info [Zugriff am 30.5.2021].

Osterhammel, Jürgen (1989): China und die Weltgesellschaft. Vom 18. Jahrhundert bis in unsere Zeit, München.

Paul, Michael (2017): Kriegsgefahr im Pazifik? Die maritime Bedeutung der sino-amerikanischen Rivalität, Baden-Baden.

Presse- und Informationsamt der Bundesregierung (2014): Gemeinsame Erklärung zum Besuch von Staatspräsident Xi: Schaffung einer umfassenden strategischen Partnerschaft zwischen Deutschland und China. Pressemitteilung 102 vom 28.3.2014. Online: https://www.bundesregierung.de/breg-de/suche/gemeinsame-erklaerung-zum-besuch-von-staatspraesident-xi-schaffung-einer-umfassenden-strategischen-partnerschaft-zwischen-deutschland-und-china-411848 [Zugriff am 30.5.2021].

Raine, Sarah/Le Mière, Christian (2013): Regional Disorder. The South China Sea Disputes, Abingdon/New York.

Rogelja, Igor/Tsimonis, Konstantinos (2020): Narrating the China Threat. Securitising Chinese Economic Presence in Europe. In: The Chinese Journal of International Politics, Band 13, Nr. 1, S. 103-133.

Rudd, Kevin (2022): The Avoidable War. The Dangers of a Catastrophic Conflict between the US and Xi Jinping´s China, New York.

Rudolf, Peter (2019): Der amerikanisch-chinesische Weltkonflikt. SWP-Studie, Berlin. Online: https://www.swp-berlin.org/publications/products/studien/2019S23_rdf.pdf [Zugriff am 31.10.2022].

Scherrer, Christoph (2021): America Second? Die USA, China und der Weltmarkt, Berlin.

Schmidt, Helmut (2004): Die Mächte der Zukunft. Gewinner und Verlierer in der Welt von morgen, München.

Schmidt, Helmut (2013): Ein letzter Besuch. Begegnungen mit der Weltmacht China, München.

Shambaugh, David (2013): China Goes Global. The Partial Power, Oxford.

Sommer, Theo (2019): China First. Die Welt auf dem Weg ins chinesische Jahrhundert, München.

Staack, Michael (Hrsg.) (2013): Asiens Aufstieg in der Weltpolitik, Opladen/Berlin/ Toronto.

Staack, Michael/Groten, David (Hrsg.) (2018): China und Indien im regionalen und globalen Umfeld, Opladen/Berlin/Toronto.

Staack, Michael (2018): Strategische Partnerschaft zwischen China und Deutschland: Krisenfest und zukunftstauglich? In: Staack, Michael/Groten, David (Hrsg.) (2018): China und Indien im regionalen und globalen Umfeld, Opladen/Berlin/Toronto, S. 29-61.

Tageszeitung (2022): Flottenchef versenkt, 24.1.2022. Online: https://taz.de/Vizeadmiral-Kay-Achim-Schoenbach/!5829963 [Zugriff am 31.10.2022].
Tan, Nian/Su, Fei (2021): A New Estimate of China's Military Expenditure, SIPRI, Stockholm.
The Kremlin (2022): Joint Statement of the Russian Federation and the People's Republic of China on the International Relations Entering a New Era and the Global Sustainable Development, February 4, 2022. Online: http://en.kremlin.ru/supplement/5770 [Zugriff am 31.10.2022].
The White House (2003): President Bush Meets with President of China. Online: https://georgewbush-whitehouse.archives.gov/news/releases/2003/10/20031019-6.html [Zugriff am 31.10.2022].
The White House (2022): United States Strategic Approach to the People's Republic of China. Washington, D.C. Online: https://trumpwhitehouse.archives.gov/wp-content/uploads/2020/05/U.S.-Strategic-Approach-to-The-Peoples-Republic-of-China-Report-5.24v1.pdf [Zugriff am 31.10.2022].
The White House (2022): National Security Strategy. Washington, D.C. Online: https://www.whitehouse.gov/wp-content/uploads/2022/10/Biden-Harris-Adminis trations-National-Security-Strategy-10.2022.pdf [Zugriff am 31.10.2022].
United Nations (1971): U.N. Resolution 2758, 25.10.1971. Online: https://web-ar chive-2017-ait.org.twun-res-2758-voted-to-admit-communist-china.html [Zugriff am 31.10.2022].
United States Department of State (2007): Press Conference of Secretary of State Condoleezza Rice. Online: https://2001-2009.state.gov/secretary/rm/2007/12/97 945.htm [Zugriff am 31.10.2022].
United States Department of State Office of the Historian (1972): Joint Statement of the United States Following Discussions with Leaders of the People's Republic of China, Shanghai, 27.2.1972. Online: https://history.state.gov/historical documents/frus1969-76v17/d203 [Zugriff am 31.10.2022].
Van Alst, Niklas (2021), Die USA, Deutschland und der Fall Huawei. Zur Geopolitik und Geoökonomie des Internets, Opladen/Berlin/Toronto.
Vogel, Ezra F. (2011): Deng Xiaoping and the Transformation of China, Cambridge/Massachusetts.
Wirth, Christian (2019): Whose „Freedom of Navigation"? Australia, China, the United States and the making of order in the "Indo-Pacific". In: The Pacific Review, Band 32, Nr. 4, S. 475-504.
Wirth, Christian (2022): How to Anchor Germany's Drifting Indo-Pacific Policy. GIGA Focus, Nr. 1, Hamburg. Online: https://www.giga-hamburg.de/en/publica tions/giga-focus/how-to-anchor-germanys-drifting-indo-pacific-policy [Zugriff am 31.10.2022].
Yuan, Xinyu (2020): Chinese Pathways to Peacebuilding, Genf. Online: https://repository.graduateinstitute.ch/record/298467 [Zugriff am 30.6.2021].
Zhao, Tingyang (2020): Alles unter dem Himmel. Vergangenheit und Zukunft der Weltordnung, Berlin.

Dokumentation

Aussagen mit direktem Bezug zu China im Koalitionsvertrag 2021 von SPD, Bündnis 90/ Die Grünen und FDP: „Mehr Fortschritt wagen“

Abrüstung, Rüstungskontrolle, Rüstungsexporte

„Wir brauchen eine abrüstungspolitische Offensive und wollen eine führende Rolle bei der Stärkung internationaler Abrüstungsinitiativen und Nichtverbreitungsregimes einnehmen […]. Nuklearwaffenstaaten wie China wollen wir stärker in nukleare Abrüstung und Rüstungskontrolle einbinden“ (Koalitionsvertrag 2021: 145).

Bilaterale und regionale Beziehungen

„Wir wollen und müssen unsere Beziehungen mit **China** in den Dimensionen Partnerschaft, Wettbewerb und Systemrivalität gestalten. Auf der Grundlage der Menschenrechte und des geltenden internationalen Rechts suchen wir die Kooperation mit China, wo immer möglich. Wir wollen im zunehmenden Wettbewerb mit China faire Spielregeln. Um in der systemischen Rivalität mit China unsere Werte und Interessen verwirklichen zu können, brauchen wir eine umfassende China-Strategie in Deutschland und im Rahmen der gemeinsamen EU-China-Politik. Wir wollen die Regierungskonsultationen fortsetzen und stärker europäisch ausgestalten.

Wir streben eine enge transatlantische Abstimmung in der China-Politik an und suchen die Zusammenarbeit mit gleichgesinnten Ländern um strategische Abhängigkeiten zu reduzieren. Unsere Erwartung an die chinesische Außenpolitik ist, dass sie eine verantwortungsvolle Rolle für Frieden und Stabilität in ihrer Nachbarschaft spielt. Wir setzen uns dafür ein, dass territoriale Streitigkeiten im süd- und ostchinesischen Meer auf Basis des internationalen Seerechts beigelegt werden. Eine Veränderung des Status Quo in der Straße von Taiwan darf nur friedlich und im gegenseitigen Einvernehmen erfolgen. Im Rahmen der Ein-China-Politik der EU unterstützen wir die sachbezogene Teilnahme des demokratischen Taiwan in internationalen Organisationen. Wir thematisieren klar Chinas Menschenrechtsverletzungen, besonders in Xinjiang. Dem Prinzip „Ein Land – zwei System" in Hong Kong muss wieder Geltung verschafft werden.

Aufbauend auf den **Indo-Pazifik**-Strategien Deutschlands und der EU setzen wir uns für eine freie und offene indo-pazifische Region auf der Grundlage globaler Normen und des Völkerrechts ein. Insbesondere in den Bereichen Stärkung des Multilateralismus, Rechtsstaatlichkeit und Demokratie, Klimaschutz, Handel und bei Digitalisierung wollen wir Fortschritte in der Kooperation erreichen. Wir wollen gemeinsam einen intensiven Dialog zu Frieden und Sicherheit im indo-pazifischen Raum befördern. Die EU-ASEAN Partnerschaft wollen wir vorantreiben. Wir wollen die Asien-Pazifik-Konferenz der deutschen Wirtschaft politisch aufwerten. Wir wollen den Ausbau unserer Beziehungen, inklusive auf parlamentarischer Ebene, mit wichtigen Wertepartnern wie Australien, Japan, Neuseeland und Südkorea vorantreiben. Mit Japan wollen wir regelmäßige Regierungskonsultationen beginnen. Wir haben ein herausragendes Interesse an der Vertiefung unserer strategischen Partnerschaft mit Indien durch die Umsetzung der Agenda für die deutsch-indische Partnerschaft und der EU-Indien Konnektivitätspartnerschaft. Vor allem diejenigen, die vom steigenden Meeresspiegel betroffen sind und sein werden, verdienen unsere verstärkte Unterstützung. Wir wollen uns aktiv für eine Infrastrukturentwicklung nach qualitativ hohen internationalen Standards einsetzen. Die *Global Gateways*-Initiative der EU ist dabei ein wichtiges Instrument" (Koalitionsvertrag 2021: 157-158).

Regierungserklärung von Bundeskanzler Olaf Scholz am 15. Dezember 2021 vor dem Deutschen Bundestag (Auszug)

„Wir müssen unsere China-Politik an dem China ausrichten, das wir real vorfinden. Das heißt auch, dass wir unsere Augen nicht verschließen vor der kritischen Menschenrechtslage und Verstöße gegen universelle Normen beim Namen nennen. Das ändert nichts daran, dass ein Land von der Größe und Geschichte Chinas einen zentralen Platz im internationalen Konzert der Völker hat. Deshalb bieten wir China Zusammenarbeit an bei Menschheitsherausforderungen wie der Klimakrise, der Pandemie oder der Rüstungskontrolle" (Deutscher Bundestag 2021: 348).

Der Autor

Prof. Dr. Michael Staack, Jahrgang 1959, lehrt seit 2006 Theorie und Empirie der Internationalen Beziehungen an der Helmut-Schmidt-Universität der Bundeswehr Hamburg. Von 1998 bis 2001 war er im Auftrag der Bundesregierung Gründungsdirektor des Instituts für Deutschlandstudien in Minsk (Belarus). Zwischen 2001 und 2006 lehrte Michael Staack an der Universität der Bundeswehr München. Er forschte an der Brookings Institution und der Georgetown University in Washington, D.C., und war als Gastprofessor an der Peking Universität, der Beijing Foreign Affairs University und der China Foreign Affairs University tätig. Von 2014 bis 2017 beriet er die damaligen Außenminister Deutschlands und Südkoreas in der Hochrangigen Beratergruppe zu den außenpolitischen Fragen der Wiedervereinigung Koreas. Zu Professor Staacks Arbeitsschwerpunkten gehören Deutschlands Außenpolitik, Sicherheit in Ostasien und internationale Ordnungspolitik in Bezug auf Abrüstung und Rüstungskontrolle.